Roy Publicae

Friedensvertrag für Deutschland

Roy Publicae

Friedensvertrag für Deutschland

Frieden in der Welt

Dictus Publishing

Imprint

Cover image: www.ingimage.com

Publisher:
Dictus Publishing
is a trademark of
International Book Market Service Ltd., member of OmniScriptum Publishing Group
17 Meldrum Street, Beau Bassin 71504, Mauritius
Printed at: see last page
ISBN: 978-613-7-35116-1

Inhaltsverzeichnis:

I. Einleitende Worte:

„Ich bin überzeugt,

dass wir mit einem Friedensvertrag für Deutschland

dem Frieden in der Welt

ein großes Stück näher kommen.

Denn solange Deutschland

wie eine Firma

und als der 51. US-Bundesstaat

geführt wird,

kann es zu sich selbst

und zu einer eigenständigen Politik

nicht zurückfinden.

Es ist an der Zeit,

dass sich **Deutschland**

seiner spirituellen Rolle im Weltenplan

bewusst wird

und sein wertvolles geistiges Erbe

nicht länger verleugnet."[1]

[1] Aus: Jahn J. Kassl - Einleitung, vgl.: https://lichtweltverlag.at/2019/02/22/heinrich-xiii-prinz-reuss-bittet-die-allierten-um-friedensvertrag-fuer-deutschland/

II. Bitte um den Friedensvertrag:

„Ich bin Heinrich XIII.,

Prinz Reuß,

und der Nachfahre

einer alten deutschen Dynastie,

welche sich zurückverfolgen lässt

bis rund 900 n.Chr.

So wurden ca. 1.000 Jahre,

und nicht nur fünf Jahre einer Legislaturperiode,

durch diese Familie

die Region Gera

und das Umfeld Thüringen

geprägt.

1920

war diese

eine der reichsten Städte Deutschlands

mit einem Steuersatz

von 10 Prozent.

In den folgenden 10 Minuten

möchte ich

über die Abschaffung der Monarchie

und das Leid,

welches darauf folgte,

sprechen.

Eine Kombination

aus der Unterwerfung

angeblicher Regierungsstrukturen,

die bis heute noch

in Kraft sind,

und die [S]ie

mit Steuersätzen zwingen,

bis September

von Oktober

zu arbeiten,

jedes Jahr.

Ich möchte

über die Menschen

sprechen,

die es betrifft.

Menschen

wie meine

Familie.

Enteignung,

Mord,

Vertreibung

aufgrund manipulierter,

sogenannter

politischer Ereignisse.

Allesamt

Gegner

von Strukturen,

die sich über 1.000 Jahre

erfolgreich

bewährt hatten.

All dies,

weil es

für diese Gegner

schwer werden würde,

ihr trügerisches Geschäftsmodell

tief zu verankern.

1918/1919:

Mein Urgroßvater

als regierender Prinz

wurde

unter unbegründetem Druck

gezwungen,

infolge des 1. Weltkriegs

unschuldig abzudanken,

da dieser

durch Ausländer

angestiftet wurde,

was heute

bewiesen werden kann.

Bis dahin

war alles

in Ordnung

im Fürstentum Reuß,

und die Menschen

lebten ein glückliches Leben,

denn die Verwaltungsstrukturen

waren überschaubar

und klar.

Lief etwas

nicht rund,

ging man

zum Prinzen.

Wohin

gehen

Sie

heute?

Zu

Ihrem

Parlamentarier?

Landesebene?

Bundesebene?

EU-Ebene?

Viel Glück![2]

---

[2] Einschub: *(Hauptweg zu den Vereinigten Staaten von Europa: Das erklärte Kriegsziel ist Deutschland!)*, siehe: https://lichtweltverlag.at/2019/02/22/heinrich-xiii-prinz-reuss-bittet-die-allierten-um-friedensvertrag-fuer-deutschland/

Durch

die Abdankung

meines Urgroßvaters

hat er

und auch andere souveräne Häuser

sowie die Hergabe des Landes

und die damit verbundenen Gebietskörperschaften

die Bildung

des Landes Thüringen,

so wie wir es heute kennen,

erst ermöglicht.

Er hatte

von diesem Abdankungsvertrag

ein Rücktrittsrecht,

wenn

das verbleibende Privatvermögen

besteuert (wird)

oder man ihn

enteignen wolle.

Von diesem Rücktrittsrecht

wurde von uns

Gebrauch gemacht

mit der Besetzung Thüringens –

nicht durch die Sowjets,

sondern

durch deutsche Kommunisten.

Es waren

diese deutschen Kommunisten,

die meinen Großvater

bei den Sowjets

denunzierten

aus Gründen

seines Vermögens,

also aus Neid,

und nicht

aus politischen Motiven,

und haben somit

seine Ermordung

durch die Besatzer

ursächlich

zu verantworten.

Kein Gericht,

niemand in der Politik

will sich dieser Sache

verantwortlich annehmen.

Der Enteignungsprozess

meines Großvaters

wurde später

in 180

individuellen Gerichtsprozessen

zerschlagen.

Warum,

glauben Sie,

taten sie

dies?

Was

waren

wohl

ihre Motive?

Alle

großen Anwaltskanzleien

sind

an der Regierung

beteiligt,

und sind

nicht in der Lage,

uns

gegen den angeblichen Staat

zu verteidigen.

Was

ist

mit

der

Gewaltenteilung

passiert?

Es ist eine Illusion,

eine Täuschung

in einem Rechtssystem,

da es

keine Gewaltenteilung

gibt.

Richter

und

Staatsanwälte

sind anderen

aus der Politik

verpflichtet.

Wir haben

eine Petition

mit der Überprüfung

dieses Problems

eingereicht,

um

ein Verfahren

gegen

die Bundesrepublik Deutschland

einzuleiten.

Meine Familie

floh

in das Bundesland

Hessen

in Westdeutschland,

als die Sowjets

1945

in Deutschland

einmarschierten –

mittellos,

vertrieben

und

all ihrer Rechte

beraubt.

Warum?

1947

hatte

der Thüringer Landtag,

in die Wege geleitet

durch die Kommunisten

Eiermann

und

Fröhlich –

nicht durch die Sowjets -,

ein Gesetz

zur Enteignung

der Thüringer Fürstenhäuser

ratifiziert.

Nach diesem Gesetz

bis heute,

da dieses Gesetz

nie

aufgehoben wurde,

ist es uns

nicht erlaubt,

Eigentum

zu beanspruchen.

Und

ob wir

unserer Nationalität

beraubt wurden,

ist umstritten,

wurde aber

von Rechtsexperten

bestätigt.

All

meine Kontaktversuche

zur Aufhebung

dieses Diskriminierungsgesetzes –

kein Eigentum,

keine Staatsangehörigkeit –

beim Außenminister

der Russischen Föderation,

Lawrow,

und den jeweiligen Ministerpräsidenten

des Landes Thüringen,

verliefen

ergebnislos.

Sie wurden

mit ausweichenden

schriftlichen Antworten

und ohne Kenntnis

der Tatsachen

seitdem

negiert.

Seit der Wiedervereinigung

1989/1990,

mit anderen Worten,

seit 30 Jahren

beschäftige ich mich

mit dieser Thematik,

und das

mit meinen eigenen

finanziellen Mitteln.

Und heute,

nach

über 30 Jahren

der Forschung,

glaube ich,

die Ursache

für diese

historische Entwicklung

und den Zustand

unserer Gesellschaftsstrukturen

gefunden

zu haben.

Wer

steckt

hinter

den Kriegen,

den Revolutionen,

und

wem

nützen diese

eigentlich?

Zitat:

`Ich

kümmere

mich

nicht darum,

welche Marionette

auf dem Thron

von England

platziert ist,

in dem Reich,

in dem

die Sonne

niemals

untergeht.

Der Mann,

der

die britische Geldmenge

kontrolliert,

kontrolliert

das Britische Imperium.

Und ich

kontrolliere

die britische Geldmenge.´

– Nathan

Mayer-

Rothschild,

1815.

Die Repräsentanten

der Dynastie Rothschilds

sind also

stolz

auf den Fakt,

dass sie

die Französische Revolution

und unzählige Aktivitäten

wie Kriege

auf der ganzen Welt

finanziert haben,

mit dem einzigen Ziel,

Unternehmensstrukturen

und Geldgeschäfte zu erschaffen

und die Monarchie zu beseitigen.

Lange Zeit

war das Verschulden

beim Adel

verpönt,

was ein Dorn

im Auge

der Finanzmacht

war

und

ist.

Wie

war es

dieser freimaurerischen Finanz

überhaupt möglich,

die Oktoberrevolution

in Russland

durchzusetzen,

um

an die Schätze

des Landes

und

an die Geldproduktion

zu kommen?

Wir wissen

vom australischen Autor

Christopher Clark,

der in Cambridge arbeitet,

dass die Deutschen

nicht

allein verantwortlich

den 1. Weltkrieg

initiiert haben,

sondern

ausländische Kräfte.

Ich

sage:

Es waren

die Interessen

der internationalen Finanz,

die exakt

diesen Weg

wollte:

Deutschland

zahlt

heute noch

dafür.

Wem

nutzt

das?

Zitat

aus einem Papier

ohne Quellenangabe

mit dem Titel

`Novus

ordo

sec[u]lorum´:

`Ersetzt

Monarchien

durch

sozialistische

Regierungen,

darauf

durch

kommunistische,

darauf

durch

despotische.

Haltet

die Massen

in Armut

und

lasst sie

unendliche

Arbeit

verrichten.´

Natürlich

war auch

der sogenannte Grund

für den 1. Weltkrieg

die Ermordung

des Kronprinzenpaars

Franz Ferdinand

und seiner Frau

in Sarajevo

durch freimaurerische Logen

finanziert

und

provoziert worden,

um den Weltkrieg

auszulösen.

Die Briten

erklärten

die deutsche Handelsflotte

zur Kriegsflotte,

und somit

zur Gefahr

und

zum Kriegsgrund.

Die Durchfahrt

des Kommunisten

Lenin

durch Deutschland

in einem

verschlossenen Zug

voller Gold

und Geld,

gibt

zu denken.

So auch

die Ermordung

des Heilers

und Beraters

der Zarenfamilie,

Grigori Rasputin,

durch

den britischen Geheimdienst,

Agent Rayner.

Der

letzte

deutsche Kaiser

verzichtete

nicht selbst,

sondern

Markgraf Max von Baden

verzichtete

auf den Thron

für ihn,

der wiederum

von den Amerikanern

als Stellvertreter

eingesetzt wurde.

Ja,

er

wurde

abgedankt.

All dies

weiß ich

aus

erster Hand.

Die Briten

hätten

den 1. Weltkrieg

nicht

ohne

das Kapital

der USA

gewinnen können,

dessen Freigabe

mit einer Forderung

verbunden war.

Die Initialzündung

bestand darin,

diesen Kriegszustand

zu nützen,

um

die Verbreitung

der jüdischen Bevölkerung

voranzutreiben,

um

einen separaten Staat

für diese Bevölkerungsgruppe

wie geplant

zu erschaffen,

was dann

durch

Hitler

und seine

US-finanzierte

Souveränität

gelungen ist.

Warum

finanziert

durch

die Vereinigten Staaten?

Führende

US-Banken

und Geschäftsleute

wie Henry Ford

und andere Unternehmen,

die Material

und Treibstoff

lieferten,

halfen

Hitler

auf die Beine.

Wie sonst

hätte

ein sich

in dieser Lage

befindliches Deutschland

die Aktivitäten

eines Herrn Hitler

finanzieren

können?

Es war

glaube ich

1871,

als […]

die privaten Finanzmittel

der US-Kriegsparteien

zur Finanzierung

der Kriege

verweigert wurden.

Weitere Darlehen

an die kriegsführende Politik

gäbe es

nur,

wenn

das souveräne Amerika

zur Firma würde,

was auch geschah.

Seit

der Kapitulation Deutschlands

am 8. Mai 1945

war Deutschland

nie wieder

souverän,

sondern

eine Verwaltung

der Alliierten

in dem sogenannten

Vereinigten

Wirtschaftsgebiet

Bundesrepublik

Deutschland,

mit

anderen Worten:

ein Handelskonstrukt.[3]

[3] **Einschub**: *(Hintergrund: Die Haager Landkriegsordnung, Deutschland und die BRiD)*, siehe: https://lichtweltverlag.at/2019/02/22/heinrich-xiii-prinz-reuss-bittet-die-allierten-um-friedensvertrag-fuer-deutschland/

Zitat:

`Deutschland

ist

ein amerikanisches Protektorat

und

ein tributpflichtiger Vasallenstaat.´

– ehemaliger

US-Sicherheitsberater

Brzezinski.

Der Ex-Präsident

Barack Obama

sagte

bei seinem Besuch

auf der US-Militärbasis

Ramstein,

Zitat:

`Deutschland

ist

ein besetztes Land

und

wird

es

auch

bleiben.´

James George Stavridis,

US Navy-Admiral,

teilte

im Auftrag

der Kommandantur

in Berlin

Folgendes

mit:

`Den

verwirrten

Idioten

und

Besatzungsdeutschen

wird zwar

ständig eingetrichtert,

die Bundesrepublik

sei

mit dem Zwei-plus-Vier-Vertrag

souverän geworden,

aber

das ist

falsch.´[4]

[4] Einschub: *(Neue Weltordnung: Deutschland hat noch immer keinen Friedensvertrag und finanziert US-Truppen im eigenen Land)*, siehe: https://lichtweltverlag.at/2019/02/22/heinrich-xiii-prinz-reuss-bittet-die-allierten-um-friedensvertrag-fuer-deutschland/

Das

ist der Grund,

warum

der erste deutsche Bundeskanzler

nach dem 2. Weltkrieg,

Konrad Adenauer,

sagte,

Zitat:

`Wir haben

kein Mandat

des deutschen Volkes,

wir haben

einen Auftrag

der Alliierten.´

Das

deutsche Grundgesetz

ist

keine

Verfassung.

Es

wurde geschrieben

von den Alliierten

als Ordnungsmaßnahme

zur Verwaltung

des besetzten Deutschlands.

Eine Verfassung

kann nur

initialisiert werden

von

einem

souveränen Staat

mit

souveränen Bürgern.

In der Charta

der Vereinten Nationen

wird Deutschland

immer noch

als

Feindstaat

geführt.

Was

bedeutet

das?[5]

[5] Einschub: (*Geheimnis gelüftet: Vereinte Nationen stufen Deutschland als „Feindstaat“ ein (Videos)*), siehe: https://lichtweltverlag.at/2019/02/22/heinrich-xiii-prinz-reuss-bittet-die-allierten-um-friedensvertrag-fuer-deutschland/

Die Unterzeichnerstaaten

können Zwangsmaßnahmen

ohne

besondere Ermächtigung

durch den UN-Sicherheitsrat

gegen den Feindstaat

des 2. Weltkrieges

verhängen,

was auch

ständig

geschieht.

Deutschland

wird

bis heute

mangels

Friedensvertrag,

basierend

auf einer Verwaltungsstruktur

der Alliierten

nach dem 2. Weltkrieg

verwaltet.

Für Westdeutschland

sollten

alle Hitler-Gesetze

durch den

Alliierten-SHAEF-Vertrag

ersetzt werden.[6]

[6] Einschub: *(SHAEF bedeutet: "Supreme Headquarters, Allied Expeditionary Force", dt.: „Oberstes Hauptquartier der Alliierten Expeditionsstreitkräfte")*, siehe: https://lichtweltverlag.at/2019/02/22/heinrich-xiii-prinz-reuss-bittet-die-allierten-um-friedensvertrag-fuer-deutschland/

Leider

ist

das

nicht

der Fall.[7]

[7] Einschub: (*Wer in der Besatzungs-BRD Steuern zahlt, riskiert die Todesstrafe!*), siehe: https://lichtweltverlag.at/2019/02/22/heinrich-xiii-prinz-reuss-bittet-die-allierten-um-friedensvertrag-fuer-deutschland/

Hinzu kommt,

dass

die sogenannte BRD

der Rechtsnachfolger

des Deutschen Reichs

von Hitler-Deutschland

und nicht

des souveränen Kaiserreichs

ist.

Alleine

aus dieser Kausalität

kann es

schon

keine

souveräne Struktur

Deutschlands

geben.

Bis heute

wenden

deutsche Finanzämter

Nazi-Gesetze an,

was

dadurch

sehr viel

verursachtes

Leid

erklärt.[8]

---

[8] Einschub: *(Deutschlands Zerstörung im Auftrag der Neuen Weltordnung – ein Jahrhundertplan kann aufgehen (Phase 1 & 2)),* siehe: https://lichtweltverlag.at/2019/02/22/heinrich-xiii-prinz-reuss-bittet-die-allierten-um-friedensvertrag-fuer-deutschland/

Zitat

auf dem

SPD-

Parteitag

von 2010

von Sigmar Gabriel:

`Frau Merkel

ist

die Geschäftsführerin

einer

Nichtregierungsorganisation´.

Die Gesellschaft

Bundesrepublik Deutschland

hat

weitere Firmen

gegründet,

die

mit den

uns gestohlenen Grundstücken

bis heute

handeln.

Also

komme ich

jetzt

zum Punkt:

Ich

plädiere

für

ein souveränes Deutschland

und

für

souveräne

EU-Mitgliedsstaaten.

Das

können wir

nur

durch den Abschluss

eines Friedensvertrages

erreichen,

worum

ich

eindringlich

den Präsidenten

der Vereinigten Staaten

bitten möchte.[9]

---

[9] Einschub: *(Ein Meisterstück der Propaganda: „Die Bundesrepublik Deutschland" ist „souverän")*, siehe: https://lichtweltverlag.at/2019/02/22/heinrich-xiii-prinz-reuss-bittet-die-allierten-um-friedensvertrag-fuer-deutschland/

Diesen

Friedensvertrag

hat

die Sowjetunion

bereits 1952

angeboten

und

in Teilen

bei der Wiedervereinigung

Deutschlands

erneuert.

Ohne

die Alliierten

kann

Deutschland

aber

keinen

Friedensvertrag

abschließen.

Ich

bitte

Sie,

sich

für den Friedensvertrag Deutschlands[10]*,*

und für den Frieden

in der Welt

einzusetzen."[11]

---

[10] Einschub: *(Warum bekommt Deutschland keinen Friedensvertrag und darf keine Verfassung in eigener Souveränität beschliessen)*, siehe: https://lichtweltverlag.at/2019/02/22/heinrich-xiii-prinz-reuss-bittet-die-allierten-um-friedensvertrag-fuer-deutschland/

[11] Transkript der detuschen Übersetzung: „**HEINRICH XIII. PRINZ REUSS BITTET DIE ALLIERTEN UM FRIEDENSVERTRAG FÜR DEUTSCHLAND**", vgl.: https://lichtweltverlag.at/2019/02/22/heinrich-xiii-prinz-reuss-bittet-die-allierten-um-friedensvertrag-fuer-deutschland/

III. Ausklang:

„Wir

sind

schon

viele

und

wir

werden

immer

mehr.

Darauf

dürfen

wir

vertrauen

und

bauen.

Denn

wie

sagte es

der 16. Präsident

der Vereinigten Staaten

von Amerika,

Abraham Lincoln

(1809 -1865),

so trefflich:

`Man kann

alle Leute

einige Zeit

und

einige Leute

alle Zeit,

aber

nicht

alle Leute

alle Zeit

zum

Narren

halten.´“[12]

[12] Siehe: Jahn J. Kassl, vgl.: https://lichtweltverlag.at/2019/02/22/heinrich-xiii-prinz-reuss-bittet-die-allierten-um-friedensvertrag-fuer-deutschland/

Printed by Books on Demand GmbH, Norderstedt / Germany